دار جامعة حمد بن خليفة للنشر
صندوق بريد 5825
الدوحة، دولة قطر

www.hbkupress.com

الطبعة العربية الأولى عام 2020

الترقيم الدولي: 9789927141416

تمت الطباعة في الدوحة-قطر.

مكتبة قطر الوطنية بيانات الفهرسة – أثناء – النشر (فان)

العالي، ريما، مؤلف.

حبة اليراوة / تأليف لينا العالي ؛ رسوم ريم العسكري. - الطبعة العربية الأولى. – الدوحة، دولة قطر : دار جامعة حمد بن خليفة للنشر، 2020.

صفحة ؛ سم

تدمك 978-992-714-141-6

1. النباتات -- قطر -- قصص للأطفال. 2. قصص الأطفال العربية. أ. العسكري، ريم، رسام. ب. العنوان.

PZ10.731 .A65 2020

892.737– dc23

202027635843

حبة البراوة

تأليف: لينا العالي

رسوم: ريم العسكري

دار جامعة حمد بن خليفة للنشر
HAMAD BIN KHALIFA UNIVERSITY PRESS

اعتادَتِ الجوري أنْ تزورَ جدَّتَها أيامَ الخميسِ.
لكنَّ الجدَّةَ كانتْ مشغولةَ البالِ هذهِ المرةَ،
فسألتْها الجوري عنِ السببِ.
أجابتِ الجدة: «أشعرُ بالقلقِ فقدْ بدأ الشِّتاءُ ولمْ ينزِل المطرُ».
تعجبتِ الجوري، وسألتْها:
«هلْ حقًّا يُقْلِقُكِ تأخُّرُ المطرِ؟».
قالتِ الجدةُ: «بالطبعِ، لأنَّ المطرَ يُحيي الأرضَ والنباتَ،
ومِنها نبتةُ اليراوةِ».

سألتِ الجوري: «كيفَ هوَ شكلُ البراوةِ؟».
أخبـرتْها الجدةُ بأنَّها نبتةٌ صحراويةٌ طيِّبةُ المذاقِ،
تنبتُ بعدَ نزولِ المطرِ، ويفرحُ الناسُ بقطفِها وأكلِها.
وطلبتْ مِنْ حفيدتِها أنْ تشاركَها صلاةَ الاستسقاءِ، كيْ يُنزِلَ اللهُ
المطرَ فوقَ الصحراءِ.
نزلَ المطرُ واستمرَّ أسبوعًا.
ومع قدومِ الربيعِ، قرَّرتِ الجدةُ اصطحابَ الجوري
إلى البرِّ لقطفِ البراوةِ.

قصدتِ الجدَّةُ والجوري منطقةً يكثرُ فيهَا نباتُ اليراوةِ.
بحثَتِ الجوري عنْها بِحماسٍ. واستغربتْ شكلَها حينَ وجدتْها.
إنَّها نبتةٌ بريةٌ أوراقُها خضراءُ، وثمارُها بيضاويةُ الشكلِ،
وتُغطيها زوائدُ تشبهُ الأشواكَ.
قالتْ لجدَّتِها: «شكلُ اليراوةِ مخيفٌ وغريبٌ،
إنَّها تشبهُ القُنفذَ».
ابتسمتِ الجدَّةُ قائلةً: «إنَّها ثمرةٌ بريَّةٌ لذيذةٌ».

لبِسَتِ الجدَّةُ قفَّازًا قبلَ قطفِ اليراوةِ.
استفسرتِ الجوري عن السببِ، فأخبرتْها الجدةُ أنَّ اليراوةَ تُفرزُ
سائِلاً أبيضَ عِندَ قطفِها، يتحسَّسُ مِنهُ الجلدُ أحيانًا.
رفضتِ الجوري لمْسَ الثمارِ،
واكتفتْ بمراقبةِ جدَّتِها، وهيَ تجمعُها في سلَّتِها.

رحلةُ قطفِ اليراوةِ أسعدتِ الجوري.

ولكنْ ماذا بعدَ القِطافِ؟

غسلَتِ الجدَّةُ حبَّاتِ اليراوةِ، ووضعتْها في طبقٍ.

لمْ تتذوقْها الجوري بسببِ شكلِها. وفضَّلَتْ أكلَ الفراولةِ التي تُحبُّها كثيرًا.

فِي تلكَ الليلةِ، لمْ تـتمكنِ الجوري مِن النومِ.
أخبرتِ الجدَّةَ بأنَّها تتخيَّلُ اليراوةَ قُنْفُذًا عِملاقًا يلاحقُها.

احتمتِ الجوري بِحضنِ جدَّتِها، فغمرتْها الجدَّةُ كيْ تُطمئِنَها.
وراحتْ تقرأُ لَها عنْ نبتةِ اليراوةِ عبرَ هاتفِها النَّقَّالِ.
وقالتْ: «وهبنَا اللهُ نباتاتٍ فِي بيئتِنا الصحراويةِ لها الكثيرُ مِن المنافعِ، واليراوةُ واحدةٌ منها».
لكنَّ الجوري ظلتْ تشعرُ بالخوفِ.

غلبَ النعاسُ الجوري، واستغرقَتْ في نومٍ عميقٍ.
ورأتْ في المنامِ حبَّةَ اليراوةَ العِملاقَة.
وخافتْ مِن شكلِها وحجمِها الكبيرِ.

وسمعتْ حبَّةَ الفراولةَ تقولُ لليراوةِ باستعلاءٍ:
«أنا أجملُ منكِ، وطعمي ألذُّ مِن طعمِكِ».
وأضافتْ: «شكلُكِ غريبٌ، وتشبهينَ القُنْفُذَ!».
حزِنتِ اليراوةُ، فقررتِ الجوري أنْ تُدافعَ عنْها.

وقالتْ للفراولةِ المغرورةِ: «إنَّ قشرةَ اليراوةِ سميكةٌ كي تحميَ اللُّبَّ مِن حرارةِ الشمسِ القويةِ، وكيْ تخزِّنَ الماءَ في موسمِ الأمطارِ القصيرِ في الصحراءِ. أمَّا سائلُها الأبيضُ فهوَ لاذعٌ كيْ يمنَعَ الحيواناتِ البريةِ مِنْ أكلِها».

أضافتِ الجوري: «إنَّ طعمَ اليراوةِ لذيذٌ، فلا تحْكُمي على شكلها».
فردَّتْ حبَّةُ الفراولةُ متحدِّيةً: «لكنَّني سمعتُكِ ترفُضينَ أكلَ اليراوةِ، وحكمْتِ على شكلِها!».
قبِلتِ الجوري التحدِّي. وتذوَّقتِ اليراوةَ، بعدَ أنْ عرفتْ قيمتَها وأهمِّيتَها.

أُعجبتِ الجوري بطعمِ اليراوةِ كثيرًا. ولمْ تتوقفْ عنْ أكلِها إلاَّ بعدَ أنْ أفرغتِ الطبقَ بكاملِهِ.

بعدَ أسبوعٍ، اقترحَتِ الجوري على جدَّتِها الذهابَ في رحلةٍ برِّيَّـةٍ جديدةٍ، للبحث عنْ نبتةٍ صحراويةٍ أُخرى طعمُها لذيذٌ.

النبتةُ تُسمَّى الكمْأةُ، يرتبطُ ظهورُها بموسمِ المطرِ مثلَ البراوةِ.

فرِحَتِ الجدَّةُ، وشعرَتْ بالفخرِ بحفيدتِها.